Imię dziecka

Numer i adres

Numer w nagłych wypadkach

Data:

Karmić:

Czas	Żywność	Ilość

Zajęcia:

Pieluchy:

Czas

Robić siku   Kupa

Notatki

Spać:

Czas całkowity	Od	Do

Lista zakupów:

Data:

Karmić:

Czas	Żywność	Ilość

Zajęcia:

Pieluchy:

Czas

	Robić siku	Kupa
	⬡	◯
	⬡	◯
	⬡	◯
	⬡	◯
	⬡	◯
	⬡	◯
	⬡	◯
	⬡	◯
	⬡	◯
	⬡	◯

Notatki

Spać:

Czas całkowity	Od	Do

Lista zakupów:

Data:

Karmić:

Czas	Żywność	Ilość

Zajęcia:

Pieluchy:

Czas

Robić siku | Kupa

Notatki

Spać:

Czas całkowity	Od	Do

Lista zakupów:

Data:

Karmić:

Czas	Żywność	Ilość

Zajęcia:

Pieluchy:

Czas

Robić siku | Kupa

Notatki

Spać:

Czas całkowity	Od	Do

Lista zakupów:

Data:

Karmić:

Czas	Żywność	Ilość

Zajęcia:

Pieluchy:

Czas

Robić siku / Kupa

Notatki

Spać:

Czas całkowity	Od	Do

Lista zakupów:

Data:

Karmić:

Czas	Żywność	Ilość

Zajęcia:

Pieluchy:

Czas

	Robić siku	Kupa

Notatki

Spać:

Czas całkowity	Od	Do

Lista zakupów:

Data:

Karmić:

Czas	Żywność	Ilość

Zajęcia:

Pieluchy:

Czas

	Robić siku	Kupa

Notatki

Spać:

Czas całkowity	Od	Do

Lista zakupów:

Data:

Karmić:

Czas	Żywność	Ilość

Zajęcia:

Pieluchy:

Czas

Robić siku / Kupa

Notatki

Spać:

Czas całkowity	Od	Do

Lista zakupów:

Data:

Karmić:

Czas	Żywność	Ilość

Zajęcia:

Pieluchy:

Czas

_____

Robić siku | Kupa

_____

Notatki

Spać:

Czas całkowity	Od	Do

Lista zakupów:

Data:

Karmić:

Czas	Żywność	Ilość

Zajęcia:

Pieluchy:

Czas

	Robić siku	Kupa
	⬡	◯
	⬡	◯
	⬡	◯
	⬡	◯
	⬡	◯
	⬡	◯
	⬡	◯
	⬡	◯
	⬡	◯

Notatki

Spać:

Czas całkowity	Od	Do

Lista zakupów:

Data:

Karmić:

Czas	Żywność	Ilość

Zajęcia:

Pieluchy:

Czas

Robić siku   Kupa

Notatki

Spać:

Czas całkowity	Od	Do

Lista zakupów:

Karmić:

Czas	Żywność	Ilość

Zajęcia:

Pieluchy:

Czas

	Robić siku	Kupa
	⬡	◯
	⬡	◯
	⬡	◯
	⬡	◯
	⬡	◯
	⬡	◯
	⬡	◯
	⬡	◯
	⬡	◯
	⬡	◯
	⬡	◯

Notatki

Spać:

Czas całkowity	Od	Do

Lista zakupów:

Data:

Karmić:

Czas	Żywność	Ilość

Zajęcia:

Pieluchy:

Czas

Robić siku — Kupa

Notatki

Spać:

Czas całkowity	Od	Do

Lista zakupów:

Data:

Karmić:

Czas	Żywność	Ilość

Zajęcia:

Pieluchy:

Czas

	Robić siku	Kupa

Notatki

Spać:

Czas całkowity	Od	Do

Lista zakupów:

Data:

Karmić:

Czas	Żywność	Ilość

Zajęcia:

Pieluchy:

Czas

Robić siku Kupa

Notatki

Spać:

Czas całkowity	Od	Do

Lista zakupów:

Data:

Karmić:

Czas	Żywność	Ilość

Zajęcia:

Pieluchy:

Czas

Robić siku / Kupa

Notatki

_____
_____

Spać:

Czas całkowity	Od	Do

_____
_____
_____
_____
_____
_____
_____

Lista zakupów:

Data:

Karmić:

Czas	Żywność	Ilość

Zajęcia:

Pieluchy:

Czas

Robić siku | Kupa

Notatki
_____
_____
_____
_____

Spać:

Czas całkowity	Od	Do

_____
_____
_____
_____
_____
_____
_____
_____
_____
_____

Lista zakupów:

Data:

Karmić:

Czas	Żywność	Ilość

Zajęcia:

Pieluchy:

Czas

Robić siku | Kupa

Notatki

Spać:

Czas całkowity	Od	Do

Lista zakupów:

Data:

Karmić:

Czas	Żywność	Ilość

Zajęcia:

Pieluchy:

Czas

Robić siku Kupa

Notatki

Spać:

Czas całkowity	Od	Do

Lista zakupów:

Data:

Karmić:

Czas	Żywność	Ilość

Zajęcia:

Pieluchy:

Czas

Robić siku | Kupa

Notatki

Spać:

Czas całkowity	Od	Do

Lista zakupów:

Data:

Karmić:

Czas	Żywność	Ilość

Zajęcia:

Pieluchy:

Czas

Robić siku | Kupa

Notatki

Spać:

Czas całkowity	Od	Do

Lista zakupów:

Data:

Karmić:

Czas	Żywność	Ilość

Zajęcia:

Pieluchy:

Czas

Robić siku / Kupa

Notatki

Spać:

Czas całkowity	Od	Do

Lista zakupów:

Data:

Karmić:

Czas	Żywność	Ilość

Spać:

Czas całkowity	Od	Do

Zajęcia:

Pieluchy:

Czas

Robić siku	Kupa

Notatki

Lista zakupów:

Data:

Karmić:

Czas	Żywność	Ilość

Zajęcia:

Pieluchy:

Czas

Robić siku / Kupa

Notatki

Spać:

Czas całkowity	Od	Do

Lista zakupów:

Data:

Karmić:

Czas	Żywność	Ilość

Zajęcia:

Pieluchy:

Czas

	Robić siku	Kupa
___	⬡	◯
___	⬡	◯
___	⬡	◯
___	⬡	◯
___	⬡	◯
___	⬡	◯
___	⬡	◯
___	⬡	◯
___	⬡	◯
___	⬡	◯

Notatki

_____
_____
_____
_____

Spać:

Czas całkowity	Od	Do

_____
_____
_____
_____
_____
_____
_____

Lista zakupów:

Data:

Karmić:

Czas	Żywność	Ilość

Zajęcia:

Pieluchy:

Czas

Robić siku / Kupa

Notatki

Spać:

Czas całkowity	Od	Do

Lista zakupów:

Data:

Karmić:

Czas	Żywność	Ilość

Zajęcia:

Pieluchy:

Czas

	Robić siku	Kupa

Notatki

Spać:

Czas całkowity	Od	Do

Lista zakupów:

Data:

Karmić:

Czas	Żywność	Ilość

Zajęcia:

Pieluchy:

Czas

Robić siku | Kupa

Notatki

Spać:

Czas całkowity	Od	Do

Lista zakupów:

Data:

Karmić:

Czas	Żywność	Ilość

Zajęcia:

Pieluchy:

Czas

Robić siku   Kupa

_____ ⬡ ◯
_____ ⬡ ◯
_____ ⬡ ◯
_____ ⬡ ◯
_____ ⬡ ◯
_____ ⬡ ◯
_____ ⬡ ◯
_____ ⬡ ◯
_____ ⬡ ◯

Notatki

_____
_____

Spać:

Czas całkowity	Od	Do

_____
_____
_____
_____
_____
_____

Lista zakupów:

Data:

Karmić:

Czas	Żywność	Ilość

Zajęcia:

Pieluchy:

Czas

Robić siku   Kupa
_____ ⬡ ◯
_____ ⬡ ◯
_____ ⬡ ◯
_____ ⬡ ◯
_____ ⬡ ◯
_____ ⬡ ◯
_____ ⬡ ◯
_____ ⬡ ◯
_____ ⬡ ◯
_____ ⬡ ◯

Notatki

_____
_____

Spać:

Czas całkowity	Od	Do

_____
_____
_____
_____
_____
_____
_____

Lista zakupów:

Data:

Karmić:

Czas	Żywność	Ilość

Zajęcia:

Pieluchy:

Czas

Robić siku Kupa

Notatki

_____
_____

Spać:

Czas całkowity	Od	Do

_____
_____
_____
_____
_____
_____

Lista zakupów:

Data:

Karmić:

Czas	Żywność	Ilość

Zajęcia:

Pieluchy:

Czas

Robić siku	Kupa

Notatki

Spać:

Czas całkowity	Od	Do

Lista zakupów:

Data:

Karmić:

Czas	Żywność	Ilość

Zajęcia:

Pieluchy:

Czas

	Robić siku	Kupa

Notatki

Spać:

Czas całkowity	Od	Do

Lista zakupów:

Data:

Karmić:

Czas	Żywność	Ilość

Zajęcia:

Pieluchy:

Czas

Robić siku / Kupa

Notatki

Spać:

Czas całkowity	Od	Do

Lista zakupów:

Data:

Karmić:

Czas	Żywność	Ilość

Zajęcia:

Pieluchy:

Czas

	Robić siku	Kupa
	⬡	◯
	⬡	◯
	⬡	◯
	⬡	◯
	⬡	◯
	⬡	◯
	⬡	◯
	⬡	◯
	⬡	◯
	⬡	◯

Notatki

Spać:

Czas całkowity	Od	Do

Lista zakupów:

Data:

Karmić:

Czas	Żywność	Ilość

Zajęcia:

Pieluchy:

Czas

Robić siku   Kupa

Notatki

Spać:

Czas całkowity	Od	Do

Lista zakupów:

Karmić:

Czas	Żywność	Ilość

Zajęcia:

Pieluchy:

Czas

	Robić siku	Kupa

Notatki

Spać:

Czas całkowity	Od	Do

Lista zakupów:

Data:

Karmić:

Czas	Żywność	Ilość

Zajęcia:

Pieluchy:

Czas

Robić siku   Kupa

Notatki

_____
_____
_____
_____

Spać:

Czas całkowity	Od	Do

_____
_____
_____
_____
_____
_____

Lista zakupów:

Data:

Karmić:

Czas	Żywność	Ilość

Zajęcia:

Pieluchy:

Czas

Robić siku Kupa

Notatki

Spać:

Czas całkowity	Od	Do

Lista zakupów:

Data:

Karmić:

Czas	Żywność	Ilość

Zajęcia:

Pieluchy:

Czas

Robić siku / Kupa

Notatki

Spać:

Czas całkowity	Od	Do

Lista zakupów:

Data:

Karmić:

Czas	Żywność	Ilość

Zajęcia:

Pieluchy:

Czas

Robić Kupa
siku

Notatki

Spać:

Czas całkowity	Od	Do

Lista zakupów:

Data:

Karmić:

Czas	Żywność	Ilość

Zajęcia:

Pieluchy:

Czas

Robić siku / Kupa

Notatki

Spać:

Czas całkowity	Od	Do

Lista zakupów:

Data:

Karmić:

Czas	Żywność	Ilość

Zajęcia:

Pieluchy:

Czas

Robić siku Kupa

Notatki

Spać:

Czas całkowity	Od	Do

Lista zakupów:

Data:

Karmić:

Czas	Żywność	Ilość

Zajęcia:

Pieluchy:

Czas

Robić siku | Kupa

Notatki

Spać:

Czas całkowity	Od	Do

Lista zakupów:

Data:

Karmić:

Czas	Żywność	Ilość

Zajęcia:

Pieluchy:

Czas

Robić siku — Kupa

Notatki

_____
_____
_____
_____
_____
_____
_____

Spać:

Czas całkowity	Od	Do

Lista zakupów:

Data:

Karmić:

Czas	Żywność	Ilość

Zajęcia:

Pieluchy:

Czas

Robić siku | Kupa

Notatki

Spać:

Czas całkowity	Od	Do

Lista zakupów:

Data:

Karmić:

Czas	Żywność	Ilość

Zajęcia:

Pieluchy:

Czas

Robić siku   Kupa

Notatki

Spać:

Czas całkowity	Od	Do

Lista zakupów:

Data:

Karmić:

Czas	Żywność	Ilość

Zajęcia:

Pieluchy:

Czas

Robić siku   Kupa

Notatki

Spać:

Czas całkowity	Od	Do

Lista zakupów:

Data:

Karmić:

Czas	Żywność	Ilość

Zajęcia:

Pieluchy:

Czas

Robić siku   Kupa

Notatki

Spać:

Czas całkowity	Od	Do

Lista zakupów:

Data:

Karmić:

Czas	Żywność	Ilość

Zajęcia:

Pieluchy:

Czas

	Robić siku	Kupa
	⬡	◯
	⬡	◯
	⬡	◯
	⬡	◯
	⬡	◯
	⬡	◯
	⬡	◯
	⬡	◯
	⬡	◯
	⬡	◯

Notatki

Spać:

Czas całkowity	Od	Do

Lista zakupów:

Data:

Karmić:

Czas	Żywność	Ilość

Zajęcia:

Pieluchy:

Czas

	Robić siku	Kupa
_____	⬡	◯
_____	⬡	◯
_____	⬡	◯
_____	⬡	◯
_____	⬡	◯
_____	⬡	◯
_____	⬡	◯
_____	⬡	◯
_____	⬡	◯

Notatki

_____

_____

_____

_____

_____

_____

_____

Spać:

Czas całkowity	Od	Do

Lista zakupów:

Data:

Karmić:

Czas	Żywność	Ilość

Zajęcia:

Pieluchy:

Czas

Robić siku | Kupa

Notatki:

Spać:

Czas całkowity	Od	Do

Lista zakupów:

Data:

Karmić:

Czas	Żywność	Ilość

Zajęcia:

Pieluchy:

Czas

	Robić siku	Kupa
	⬡	◯
	⬡	◯
	⬡	◯
	⬡	◯
	⬡	◯
	⬡	◯
	⬡	◯
	⬡	◯
	⬡	◯

Notatki

Spać:

Czas całkowity	Od	Do

Lista zakupów:

Data:

Karmić:

Czas	Żywność	Ilość

Zajęcia:

Pieluchy:

Czas

	Robić siku	Kupa
_____	⬡	◯
_____	⬡	◯
_____	⬡	◯
_____	⬡	◯
_____	⬡	◯
_____	⬡	◯
_____	⬡	◯
_____	⬡	◯
_____	⬡	◯

Notatki

_____
_____
_____

Spać:

Czas całkowity	Od	Do

_____
_____
_____
_____
_____
_____
_____

Lista zakupów:

Data:

Karmić:

Czas	Żywność	Ilość

Zajęcia:

Pieluchy:

Czas

Robić siku   Kupa

Notatki

Spać:

Czas całkowity	Od	Do

Lista zakupów:

Data:

Karmić:

Czas	Żywność	Ilość

Zajęcia:

Pieluchy:

Czas

Robić Kupa
siku

Notatki

_____
_____
_____
_____

Spać:

Czas całkowity	Od	Do

_____
_____
_____
_____
_____
_____
_____

Lista zakupów:

Data:

Karmić:

Czas	Żywność	Ilość

Zajęcia:

Pieluchy:

Czas

	Robić siku	Kupa
	⬡	◯
	⬡	◯
	⬡	◯
	⬡	◯
	⬡	◯
	⬡	◯
	⬡	◯
	⬡	◯
	⬡	◯

Notatki

Spać:

Czas całkowity	Od	Do

Lista zakupów:

Data:

Karmić:

Czas	Żywność	Ilość

Zajęcia:

Pieluchy:

Czas

	Robić siku	Kupa
_____	⬡	◯
_____	⬡	◯
_____	⬡	◯
_____	⬡	◯
_____	⬡	◯
_____	⬡	◯
_____	⬡	◯
_____	⬡	◯
_____	⬡	◯
_____	⬡	◯
_____	⬡	◯

Notatki

_____
_____

_____
_____
_____
_____
_____
_____
_____

Spać:

Czas całkowity	Od	Do

Lista zakupów:

Data:

Karmić:

Czas	Żywność	Ilość

Zajęcia:

Pieluchy:

Czas

Robić siku | Kupa

Notatki

_____
_____

Spać:

Czas całkowity	Od	Do

_____
_____
_____
_____
_____
_____
_____

Lista zakupów:

Data:

Karmić:

Czas	Żywność	Ilość

Zajęcia:

Pieluchy:

Czas

Robić siku / Kupa

Notatki

Spać:

Czas całkowity	Od	Do

Lista zakupów:

Data:

Karmić:

Czas	Żywność	Ilość

Zajęcia:

Pieluchy:

Czas

Robić siku   Kupa

Notatki

Spać:

Czas całkowity	Od	Do

Lista zakupów:

Data:

Karmić:

Czas	Żywność	Ilość

Zajęcia:

Pieluchy:

Czas

Robić siku / Kupa

Notatki

Spać:

Czas całkowity	Od	Do

Lista zakupów:

Data:

Karmić:

Czas	Żywność	Ilość

Zajęcia:

Pieluchy:

Czas

Robić siku | Kupa

_____ ⬡ ◯
_____ ⬡ ◯
_____ ⬡ ◯
_____ ⬡ ◯
_____ ⬡ ◯
_____ ⬡ ◯
_____ ⬡ ◯
_____ ⬡ ◯
_____ ⬡ ◯

Notatki

_____
_____
_____
_____
_____
_____
_____
_____

Spać:

Czas całkowity	Od	Do

Lista zakupów:

Data:

Karmić:

Czas	Żywność	Ilość

Zajęcia:

Pieluchy:

Czas

	Robić siku	Kupa
_____	⬡	◯
_____	⬡	◯
_____	⬡	◯
_____	⬡	◯
_____	⬡	◯
_____	⬡	◯
_____	⬡	◯
_____	⬡	◯
_____	⬡	◯

Notatki

_____
_____
_____
_____

Spać:

Czas całkowity	Od	Do

_____
_____
_____
_____
_____
_____
_____

Lista zakupów:

Data:

Karmić:

Czas	Żywność	Ilość

Zajęcia:

Pieluchy:

Czas

Robić siku Kupa

Notatki

Spać:

Czas całkowity	Od	Do

Lista zakupów:

Data:

Karmić:

Czas	Żywność	Ilość

Zajęcia:

Pieluchy:

Czas

Robić siku / Kupa

Notatki

_____
_____
_____

Spać:

Czas całkowity	Od	Do

_____
_____
_____
_____
_____
_____
_____
_____

Lista zakupów:

Data:

Karmić:

Czas	Żywność	Ilość

Zajęcia:

Pieluchy:

Czas

Robić siku   Kupa

Notatki

Spać:

Czas całkowity	Od	Do

Lista zakupów:

Data:

Karmić:

Czas	Żywność	Ilość

Zajęcia:

Pieluchy:

Czas

Robić siku   Kupa

_____
_____
_____
_____
_____
_____
_____
_____
_____
_____

Notatki

_____
_____

Spać:

Czas całkowity	Od	Do

_____
_____
_____
_____
_____
_____
_____
_____

Lista zakupów:

Data:

Karmić:

Czas	Żywność	Ilość

Zajęcia:

Pieluchy:

Czas

Robić siku | Kupa

Notatki

Spać:

Czas całkowity	Od	Do

Lista zakupów:

Data:

Karmić:

Czas	Żywność	Ilość

Zajęcia:

Pieluchy:

Czas

Robić siku   Kupa

Notatki

Spać:

Czas całkowity	Od	Do

Lista zakupów:

Data:

Karmić:

Czas	Żywność	Ilość

Zajęcia:

Pieluchy:

Czas

Robić Kupa
siku

Notatki

_____

_____

Spać:

Czas całkowity	Od	Do

_____
_____
_____
_____
_____
_____

Lista zakupów:

Data:

Karmić:

Czas	Żywność	Ilość

Zajęcia:

Pieluchy:

Czas

Robić siku | Kupa

Notatki

Spać:

Czas całkowity	Od	Do

Lista zakupów:

Data:

Karmić:

Czas	Żywność	Ilość

Zajęcia:

Pieluchy:

Czas

Robić siku | Kupa

_____

_____

_____

_____

_____

_____

_____

_____

_____

_____

Notatki

_____

_____

_____

_____

_____

_____

_____

_____

_____

Spać:

Czas całkowity	Od	Do

Lista zakupów:

Data:

Karmić:

Czas	Żywność	Ilość

Zajęcia:

Pieluchy:

Czas

Robić siku / Kupa

Notatki

Spać:

Czas całkowity	Od	Do

Lista zakupów:

Data:

Karmić:

Czas	Żywność	Ilość

Zajęcia:

Pieluchy:

Czas

Robić siku   Kupa

Notatki

_____
_____
_____

Spać:

Czas całkowity	Od	Do

_____
_____
_____
_____
_____
_____
_____

Lista zakupów:

Data:

Karmić:

Czas	Żywność	Ilość

Zajęcia:

Pieluchy:

Czas

Robić siku   Kupa

_____ ⬡ ○
_____ ⬡ ○
_____ ⬡ ○
_____ ⬡ ○
_____ ⬡ ○
_____ ⬡ ○
_____ ⬡ ○
_____ ⬡ ○
_____ ⬡ ○
_____ ⬡ ○

Notatki

Spać:

Czas całkowity	Od	Do

Lista zakupów:

Data:

Karmić:

Czas	Żywność	Ilość

Zajęcia:

Pieluchy:

Czas

Robić siku | Kupa

Notatki

Spać:

Czas całkowity	Od	Do

Lista zakupów:

Data:

Karmić:

Czas	Żywność	Ilość

Zajęcia:

Pieluchy:

Czas

Robić siku   Kupa

Notatki

Spać:

Czas całkowity	Od	Do

Lista zakupów:

Data:

Karmić:

Czas	Żywność	Ilość

Zajęcia:

Pieluchy:

Czas

	Robić siku	Kupa

Notatki

Spać:

Czas całkowity	Od	Do

Lista zakupów:

Data:

Karmić:

Czas	Żywność	Ilość

Zajęcia:

Pieluchy:

Czas

	Robić siku	Kupa
	⬡	◯
	⬡	◯
	⬡	◯
	⬡	◯
	⬡	◯
	⬡	◯
	⬡	◯
	⬡	◯
	⬡	◯
	⬡	◯

Notatki

Spać:

Czas całkowity	Od	Do

Lista zakupów:

Data:

Karmić:

Czas	Żywność	Ilość

Zajęcia:

Pieluchy:

Czas

Robić siku   Kupa

Notatki

Spać:

Czas całkowity	Od	Do

Lista zakupów:

Data:

Karmić:

Czas	Żywność	Ilość

Zajęcia:

Pieluchy:

Czas

Robić siku | Kupa

Notatki

Spać:

Czas całkowity	Od	Do

Lista zakupów:

Data:

Karmić:

Czas	Żywność	Ilość

Zajęcia:

Pieluchy:

Czas

Robić siku | Kupa

Notatki

_____
_____
_____

Spać:

Czas całkowity	Od	Do

_____
_____
_____
_____
_____
_____
_____

Lista zakupów:

Data:

Karmić:

Czas	Żywność	Ilość

Zajęcia:

Pieluchy:

Czas

	Robić siku	Kupa
_____	⬡	◯
_____	⬡	◯
_____	⬡	◯
_____	⬡	◯
_____	⬡	◯
_____	⬡	◯
_____	⬡	◯
_____	⬡	◯
_____	⬡	◯

Notatki

_____
_____

Spać:

Czas całkowity	Od	Do

_____
_____
_____
_____
_____
_____
_____

Lista zakupów:

Data:

Karmić:

Czas	Żywność	Ilość

Zajęcia:

Pieluchy:

Czas

Robić siku | Kupa

Notatki

Spać:

Czas całkowity	Od	Do

Lista zakupów:

Data:

Karmić:

Czas	Żywność	Ilość

Zajęcia:

Pieluchy:

Czas

Robić siku   Kupa

Notatki

Spać:

Czas całkowity	Od	Do

Lista zakupów:

Data:

Karmić:

Czas	Żywność	Ilość

Zajęcia:

Pieluchy:

Czas

Robić siku   Kupa

Notatki

Spać:

Czas całkowity	Od	Do

Lista zakupów:

Data:

Karmić:

Czas	Żywność	Ilość

Zajęcia:

Pieluchy:

Czas

Robić siku | Kupa

Notatki

Spać:

Czas całkowity	Od	Do

Lista zakupów:

Data:

Karmić:

Czas	Żywność	Ilość

Zajęcia:

Pieluchy:

Czas

Robić siku / Kupa

Notatki

_____

_____

_____

_____

Spać:

Czas całkowity	Od	Do

_____

_____

_____

_____

_____

_____

Lista zakupów:

Data:

Karmić:

Czas	Żywność	Ilość

Zajęcia:

Pieluchy:

Czas

Robić siku | Kupa

Notatki

Spać:

Czas całkowity	Od	Do

Lista zakupów:

Data:

Karmić:

Czas	Żywność	Ilość

Zajęcia:

Pieluchy:

Czas

	Robić siku	Kupa

Notatki

Spać:

Czas całkowity	Od	Do

Lista zakupów:

CPSIA information can be obtained
at www.ICGtesting.com
Printed in the USA
BVHW021300240223
659169BV00005B/377

9 781803 902227